BEI GRIN MACHT SICH IHR
WISSEN BEZAHLT

AF135510

- Wir veröffentlichen Ihre Hausarbeit,
  Bachelor- und Masterarbeit

- Ihr eigenes eBook und Buch -
  weltweit in allen wichtigen Shops

- Verdienen Sie an jedem Verkauf

Jetzt bei www.GRIN.com hochladen
und kostenlos publizieren

GRIN

Bibliografische Information der Deutschen Nationalbibliothek:

Die Deutsche Bibliothek verzeichnet diese Publikation in der Deutschen National-
bibliografie; detaillierte bibliografische Daten sind im Internet über http://dnb.d-
nb.de/ abrufbar.

Impressum:

Copyright © 2017 GRIN Verlag, Open Publishing GmbH
Druck und Bindung: Books on Demand GmbH, Norderstedt Germany
ISBN: 9783668593220

Dieses Buch bei GRIN:

https://www.grin.com/document/383550

Marmann

Internationale Konflikte quantitativ erfassen. Das Heidelberger Konfliktbarometer

GRIN Verlag

GRIN - Your knowledge has value

Der GRIN Verlag publiziert seit 1998 wissenschaftliche Arbeiten von Studenten, Hochschullehrern und anderen Akademikern als eBook und gedrucktes Buch. Die Verlagswebsite www.grin.com ist die ideale Plattform zur Veröffentlichung von Hausarbeiten, Abschlussarbeiten, wissenschaftlichen Aufsätzen, Dissertationen und Fachbüchern.

Besuchen Sie uns im Internet:

http://www.grin.com/

http://www.facebook.com/grincom

http://www.twitter.com/grin_com

Vorwort

Liebe Leserinnen, liebe Leser,

in dieser fachlichen Auseinandersetzung mit dem Thema „Internationale Konflikte quantitativ erfassen am Beispiel des Konfliktbarometers" befasse ich mich im Großen und Ganzen mit der politischen Lage der Welt in den vergangenen drei Jahren.

Aber wer ist dieser „Ich"?

Ich, Marmann, bin ein 16-Jähriger Schüler, der demnächst sein Abitur macht und habe das Ziel sowohl Erwachsenen als auch jungen Leuten anhand einer Facharbeit die Erfassung von Konflikten und deren Erfassung nahezubringen. Und dies soll nicht völlig ohne Bewertung vonstatten gehen, weshalb ich am Ende mit einem sachlichen als auch einem emotionalen Fazit die Situation in der heutigen Welt näher bringen will. Natürlich ist es nicht möglich alle Konflikte auf einmal in einer Facharbeit zu betrachten und zu bewerten, weshalb ich hiermit auf das sogenannte „Konfliktbarometer" des Heidelberger Instituts für Internationale Konfliktforschung verweise, welches jedes Jahr eine sehr ausführliche und detaillierte Konfliktanalyse von Konflikten weltweit veröffentlicht.

Ich hoffe ich kann Ihnen mit dieser Facharbeit einen kleinen Überblick über das Heidelberger Konfliktbarometer geben und Sie somit zu einem Experten auf dem Gebiet der Konfliktforschung machen.

Und nun viel Spaß mit meiner Facharbeit!

Marmann

Inhaltsverzeichnis

Thema: Internationale Konflikte quantitativ erfassen am Beispiel des „Konfliktbarometers"

1 Einleitung

Seit jeher gibt es auf unserer Erde Aufstände, Krisen und Kriege. Staaten und Gruppen nutzen sie, um ihre Interessen durchzusetzen, oder um Macht zu erlangen. Es gibt Krisen und Konflikte in jeglichen Formen. Sie können gewaltsam und nicht gewaltsam sein und können unterschiedliche Ziele haben. Aber wie kann man bestimmen, wie intensiv oder wie schwer ein Konflikt wirklich ist? Eine mögliche Antwort auf diese Frage ist das „Konfliktbarometer" des Heidelberger Instituts für Internationale Konfliktforschung.

In dieser Facharbeit beschäftige ich mich hauptsächlich mit diesem Konfliktbarometer und definiere diesen Begriff und den Begriff des Konflikts näher. Danach wird das Verfahren des Instituts erläutert, die Konfliktbarometer der vergangenen drei Jahre analysiert und die Entwicklung in diesen drei Jahren dargestellt. Außerdem wird die Funktion des Frühwarnsystems beschrieben und die Quellenlage des Instituts erläutert. Im Schluss fasse ich dieses Thema zusammen und ziehe ein Fazit aus dieser Facharbeit. Aufgrund der Quellenlage bezüglich der Methodik und der Konfliktbarometer, mussten einige Zitate selbstständig übersetzt werden. War dies der Fall, so wurde dies in Klammern in der Fußnote und im Quellenverzeichnis hinzugefügt.

1.1 Definition Konfliktbarometer

Das Konfliktbarometer wird seit 1992 jedes Jahr von dem Heidelberger Institut für Internationale Konfliktforschung veröffentlicht und wird deshalb auch das „Heidelberger Konfliktbarometer" genannt. Das Institut begann mit 20 Mitarbeitern und besteht mittlerweile aus 200 Menschen, wovon viele neben dem Studium für das Institut arbeiten. Das Konfliktbarometer ist eine „jährliche Analyse des globalen Konfliktgeschehens"[1]. Im Mittelpunkt des Konfliktbarometers stehen jegliche Formen von Krisen und Kriegen, Staatsstreiche und Friedensverhandlungen. Bis 2010 wurden die Konflikte nach der Anzahl an Opfern und Flüchtlingen untersucht und beschrieben. Seit 2011 gibt es ein neues Verfahren, wobei „eine Mischung aus qualitativen und quantitativen Indikatoren"[2] genutzt wird. Im Anfang des Hauptteils wird dieses Verfahren näher beschrieben.

1.2 Definition Konflikt

Ob in den Nachrichten oder in der Zeitung. Überall liest man etwas von Krisen, denn sie sind allgegenwärtig. In diesem Punkt möchte ich mich mit der Frage beschäftigen, ob es für den Begriff „Konflikt" eine allgemeingültige Definition gibt und ab wann ein Zustand als Konflikt bezeichnet werden kann.

---

1 Https://www.hiik.de/de/konfliktbarometer/
2 „Kein Frieden in Sicht – Heidelberger Konfliktbarometer"   von Simon Ellerbrock und Peter Hackmerer; 2014

Laut dem Friedens- und Konfliktforscher Dr. Lutz Schrader gelten Konflikte als „vielschichtig"[3] und sind deshalb von verschiedenen Elementen abhängig. Diese Elemente teilt der Forscher in drei Ebenen ein. Anfangs nennt er ein Verhalten, was auf einen Konflikt hindeutet, danach die Unvereinbarkeit der Ziele der Konfliktparteien und abschließend die Einstellung und Haltung der Konfliktparteien.

Eine anschauliche Darstellung dazu ist das sogenannte Konfliktdreieck:

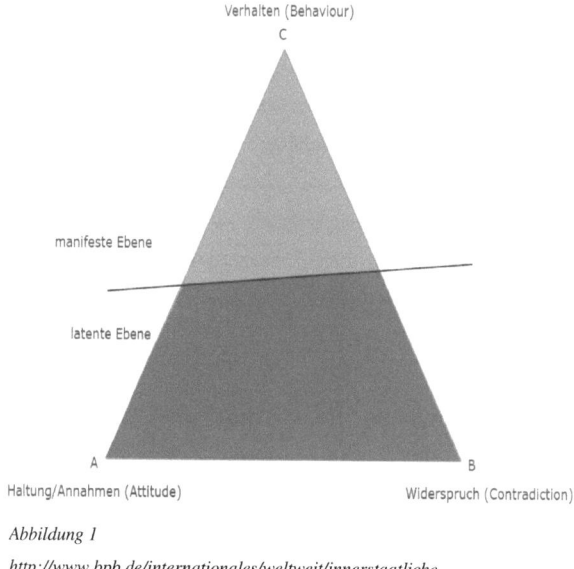

Abbildung 1

*http://www.bpb.de/internationales/weltweit/innerstaatliche-
konflikte/54499/konfliktdefinition?type=galerie&show=image&i=55535*

Durch diese Unterscheidung in eine latente und eine manifeste Ebene, wird deutlich, dass Beteiligte oft nur das beeinflusste und hervorgerufene Verhalten wahrnehmen. In diesem Dreieck wird gut deutlich, dass es sich nur um einen Konflikt handelt, wenn alle drei gezeigten Komponenten vorhanden sind. Außerdem wird deutlich, dass zwischen allen ein Zusammenhang besteht. Um ein erfolgreiches Konfliktmanagement zu erreichen muss man laut Dr. Monika Setzwein „die „subjektiven" Einstellungen der Konfliktparteien und ihr nach außen gezeigtes Verhalten ebenso wie den „objektiven" Widerspruch ihrer Interessen und Bedürfnisse"[4] beachten.

Alles in allem kann man also sagen, dass man diese drei verschiedenen Ebenen gleichzeitig betrachten muss, um einen Konflikt als Konflikt zu identifizieren. Werden diese Elemente nicht vollständig beachtet, ist keine erfolgreiche Konflikterschließung möglich.

---

3 „Was ist ein Konflikt?" von Dr. Lutz Schrader; 17.01.2012 URL: www.bpb.de
4 „Das Konflikt-Dreieck" von Dr. Monika Setzwein; 07.09.2009 URL: blog.setzwein.com

2. Hauptteil

Im Hauptteil dieser Facharbeit betrachte ich anfangs das Verfahren des Heidelberger Instituts für Internationale Konfliktforschung seit 2011 und erläutere es näher. Danach gehe ich auf die zuletzt veröffentlichten Konfliktbarometer der Jahre 2014, 2015 und 2016 ein und fasse die Ergebnisse zusammen. Hierbei beziehe ich mich zum einen auf das Heidelberger Institut selbst und zum anderen auf renommierte Zeitungen, Nachrichtensender und Forscher. Außerdem möchte ich die Entwicklung der Jahre 2014 bis 2016 darstellen und auch auf die Funktion als Frühwarnsystem eingehen. Im Schluss überprüfe ich die Quellen des Instituts und erläutere einige näher.

2.1 Verfahren des Heidelberger Instituts seit 2011

Bei der neuen Methodik des Heidelberger Instituts für Internationale Konfliktforschung werden die Konflikte anfangs nach ihrem Typ unterschieden ,also ob es sich um einen innerstaatlichen oder zwischenstaatlichen Konflikt handelt. Außerdem werden sie in fünf Intensitätsstufen eingeteilt. Diese Intensitätsstufen sind „angefangen beim nicht gewaltsamen Disput über die gewaltlosen Kriege, die gewaltsamen Kriege und den begrenzten Krieg bis hin zum Krieg"[5]. Um eine Einstufung in eine dieser Intensitätsstufen zu treffen, werden die Indikatoren „Eingesetzte Mittel" und „Folgen des Gewalteinsatzes" betrachtet. Die eingesetzten Mittel beschreiben zum einen die Anzahl der involvierten Personen und zum anderen die verwendeten Waffen, also ob nur leichte oder auch schwere Waffen verwendet wurden. Die Folgen des Gewalteinsatzes sind unterteilt in die Anzahl an Toten, die Anzahl an Flüchtlingen und intern Vertriebenen und die Schwere der Zerstörung. Im Großen und Ganzen unterscheidet das Heidelberger Institut also zwischen dem Konzept des politischen Konflikts, dem Konzept der Konfliktintensität und wie die Bewertung der Intensität eines gewaltsamen Konfliktes begründet werden kann.

Das Konzept des politischen Konfliktes wird unterteilt in Konfliktakteure, Konfliktmaßnahmen und Konfliktfragen. Konfliktakteure „sind Individuen oder Kollektive, welche relevant sind, weil sie von anderen Konfliktakteuren in ihren Entscheidungsprozessen berücksichtigt werden"[6]. Zu den genannten Kollektiven zählen Staaten, internationale Organisationen und nichtstaatliche Akteure. Konfliktmaßnahmen „ sind Handlungen und Kommunikationen, die von einem Konfliktakteur im Rahmen eines politischen Konflikts durchgeführt werden"[7]. Für einen politischen Konflikt gelten diese Maßnahmen als aufbauend und konfliktfördernd, wenn sie „außerhalb der etablierten Verfahren der Konfliktregelungen liegen"[8]. Diese etablierten Verfahren sind Verfahren, welche von beiden Konfliktparteien akzeptiert werden. Konfliktfragen sind „materielle oder immaterielle

---

5 „Kein Frieden in Sicht – Heidelberger Konfliktbarometer" von Simon Ellerbrock und Peter Hackmerer; 2014
6   www.hiik.de/de/methodik/index.php (Selbstständig übersetzt)
7 Ebd. (Selbstständig übersetzt)
8 Ebd. (Selbstständig übersetzt)

Güter, die von Konfliktakteuren über Konfliktmaßnahmen verfolgt werden"[9]. Sie können also auch als Ziele der Konfliktparteien bezeichnet werden.

Das Konzept der Konfliktintensität beschreibt, wie schon im vorigen erwähnt, die Unterscheidung eines Konfliktes in eine der fünf Intensitätsstufen (Zeile 1 ff.).

Um einen politischen Konflikt in diese Stufen einteilen zu können, benutzt das Heidelberger Institut für Internationale Konfliktforschung eine weitere Methodik, bei der fünf Indikatoren verwendet werden, welche die Mittel und Folgen eines gewaltsamen Konflikts näher beschreiben. Diese Indikatoren sind Waffen, Personal, Tote, Flüchtlinge / intern vertriebene Personen und Zerstörung. Jeder Indikator wird auf einer Skala von null bis zwei Punkten bewertet. Je höher der Indikator in dieser Skala steht, desto schwerer ist die Gewichtung des Indikators in der Bewertung des gewaltsamen Konflikts. Diese Punkte der Indikatoren werden dann zusammengefasst in einer weiteren Skala, wodurch eine Einteilung in die Bereiche gewaltsamer Konflikt, begrenzter Krieg und Krieg gemacht werden kann. Diese Skala beinhaltet zum einen die Konfliktfolgen, wozu die Indikatoren der Toten, der Zerstörung und der Flüchtlinge / intern Vertriebenen zählen. Zum anderen beinhaltet die Skala die Konfliktmittel, wozu die Waffen und das Personal zählen.

Der erste Indikator beschreibt den Einsatz von Waffen. Hierbei wird zwischen der Schwere der Waffen und dem Umfang des Einsatzes unterschieden. Also wird hierbei der Frage nachgegangen, ob schwere oder leichte Waffen eingesetzt wurden und in welchem Umfang diese Waffen eingesetzt wurden. Zu den leichten Waffen zählen beispielsweise Pistolen und Handgranaten und zu den schweren Waffen zählen Artillerie und schwere Bomben. Bei dem Umfang des Einsatzes der Waffen wird unterschieden zwischen einem eingeschränkten und umfangreichen Einsatz.

Der zweite Indikator beschreibt den Einsatz von Personal, also wie viele Personen durch ihr gewaltsames handeln am Konflikt beteiligt sind. Hierbei wird unterschieden zwischen wenig Personal (bis zu 50 Personen), einer mittelgroßen (50 bis 400 Personen) und einer großen (mehr als 400) Anzahl an Personal. Diese beiden Indikatoren, die eingesetzten Waffen und das eingesetzte Personal, beschreiben die sogenannten Konfliktmittel.

Die Konfliktfolgen werden durch die Indikatoren Tote, Flüchtlinge und intern Vertriebene und dem Ausmaß der Zerstörung dargestellt. Wie bei dem Personal, wird auch die Anzahl an Toten in drei Kategorien unterteilt. Die erste Kategorie beschreibt die geringe Anzahl an Toten, wozu bis zu 20 Tote zählen. Zu der zweiten Kategorie, der mittleren Anzahl an Toten, zählen 20 bis 60 Tote. Von einer hohen Anzahl an Toten spricht man, wenn in einem Konflikt mehr als 60 Menschen ihr Leben verloren haben. Es werden nur die Verstorbenen gezählt, welche entweder durch aggressive Handlungen oder deren direkter Konsequenzen sterben. Menschen, die durch indirekte Effekte sterben, werden nicht mitgezählt. Wie bei den Toten und dem Personal auch, wird auch die Anzahl

---

9   Ebd. (Selbstständig übersetzt)

an Flüchtlingen und intern Vertriebenen in die drei Kategorien niedrige, mittlere und hohe Anzahl unterteilt. Hierbei werden jedoch weitaus größere Zahlenspannen verwendet. Von einer kleinen Anzahl wird gesprochen, wenn bis zu 1000 Menschen vertrieben wurden oder geflüchtet sind, von einer mittleren Anzahl bei 1000 bis 20.000 und von einer hohen Anzahl, bei mehr als 20.000. Der letzte Indikator ist der der Zerstörung. Diese Zerstörung in einem gewaltsamen Konflikt wird in vier Dimensionen eingeteilt. Diese Dimensionen sind Infrastruktur, Kulturgut, Unterkunft und Wirtschaft. Sind keine Zerstörungen in einer dieser Dimensionen zu finden, spricht man von einer geringen Zerstörung. Sind eine bis zwei Dimensionen betroffen, liegt einer mittlere Zerstörung und bei drei bis vier Dimensionen eine schwere Zerstörung vor.

Das Verfahren des Heidelberger Instituts ist also stark ausdifferenziert und betrachtet nicht nur die Anzahl an Toten oder an Flüchtlingen, sondern nutzt eine Vielzahl an Indikatoren, um einen Konflikt passend einzuordnen. Durch diese Indikatoren lässt sich außerdem ein Vergleich zu andern Konflikten herstellen.

2.2 Konfliktbarometer 2014

Das im Jahr 2015 veröffentlichte Konfliktbarometer 2014 befasst sich mit zur damaligen Zeit „[...] aktuellen Daten und Analyse zum globalen Konfliktgeschehen im Jahr 2014"[10].

Nach dem neuen Verfahren des Instituts gab es im Jahr 2014 424 Konflikte. Durch die Untersuchung anhand der Indikatoren konnten 46 Konflikte als „hochgewaltsam" eingestuft werden, wovon sogar 21 davon als Krieg eingestuft werden konnten. Im Vorjahr 2013 gab es zwar nur 20 Kriege, diese waren jedoch auf weniger Staaten verteilt.

Auch in Europa kam es im Jahr 2014 wieder zu einem Krieg, als die Lage in der Ukraine eskalierte und es im Osten des Landes „[...]zu hochgewaltsamen Auseinandersetzung zwischen den neuen Regierungen und verschiedenen Milizen[...]"[11] kam. Auch in den USA und in Asien kam es zu jeweils einem Krieg. Die meisten Kriege waren im Vorderen und Mittleren Osten sowie im subsaharischen Raum zu finden, was häufig mit Gewaltakteuren, wie den Terrormilizen Islamischer Staat und Boko Haram zusammenhing. Diese Milizen haben „[..]ihre blutige Spur vom Irak über Syrien bis zu Libanon gezogen, beziehungsweise von Nigeria auch nach Kamerun und in den Niger"[12]. Durch die Terrorgruppe Boko Haram war das Jahr 2014 in dem seit 2009 andauernden Konflikt das mit Abstand blutigste Jahr. Alleine in diesem Konflikt kam es zu mindestens 10.000 Todesopfern und einer Millionen Vertriebenen. Der Islamische Staat mischte sich eher in den

---

10 Pressemitteilung des Heidelberger Instituts für Internationale Konfliktforschung vom 05.03.2015 von Johannes Nickl
11 Ebd.
12 Der Tagesspiegel „Zahl weltweiter Konflikte steigt auf Rekordhoch" von Nik Afanasjew am 19.03.2015

syrischen Bürgerkrieg ein und rief das Kalifat[13] aus, wodurch der gesamte Konflikt eine Wendung nahm, da es nun eine weitere Konfliktpartei gab. Außerdem ist anzumerken, dass im Jahr 2014 die ISAF-Mission, also die Internationale Sicherheitsunterstützungstruppe, endete. Sie war eine Sicherheits- und Wiederaufbaumission unter NATO-Führung, die seit 2001 aktiv war. Es handelte sich hierbei um eine „friedenserzwingende" Mission unter Verantwortung der beteiligten Staaten.

Ein besonderer Krieg fand in Mexiko zwischen den Drogenkartellen und der Regierung in Mexiko dar, denn es war weltweit der einzige Konflikt, der keine ideologischen oder politischen Gründe hatte, sondern nur auf Profit ausgelegt war. Laut dem Heidelberger Institut gab es in allen Regionen der Welt zwischenstaatliche Kriege, von denen elf gewaltsam geführt wurden. Häufige Gründe für zwischenstaatliche Konflikte im Jahr 2014 waren unter anderem Territorium und internationale Macht. Neben diesen Konflikten gab es 166 innerstaatliche Konflikte mit mittlerer Gewaltintensität, wobei die häufigsten Gründe nationale Macht, Sezession und Ressourcen waren.

Alles in allem lässt sich zu dem Jahr 2014 dank der Methodik des Heidelberger Instituts für Internationale Konfliktforschung sagen, dass zwar die Zahl der Kriege etwa konstant blieb, jedoch mehrere Staaten und Gruppen in diese Kriege involviert waren und es somit zu einem „Blutigen Jahr 2014"[14] kam.

2.3 Konfliktbarometer 2015

Nach der Methodik des Heidelberger Instituts kam es im Jahr 2015 zu insgesamt 409 Konflikten, 15 weniger als im Vorjahr. Von diesen Konflikten wurden 223 mit Gewalt ausgetragen und die Zahl an Kriegen blieb mit 19 wieder ungefähr Konstant, jedoch gab es zwei Kriege weniger als im Vorjahr. Die Zahl an begrenzten Kriegen verringerte sich ebenfalls auf 24.

In der Türkei, auf den Philippinen und im Südsudan kam es im Jahr 2015 zu neuen Kriegen, das heißt, dass sie im Vorjahr nur angespannte Gebiete waren und nun zum Krieg heraufgestuft wurden. In der Türkei eskalierte der Konflikt zwischen der Arbeiterpartei Kurdistans PKK und der Regierung Erdogans (AKP) nach einer zweijährigen Waffenruhe. Auf den Philippinen kam es zu Kämpfen zwischen den Bangsamoro Islamic Freedom Fighters (BIFF), also einer militanten Gruppe und dem Militär der Philippinen. Im Südsudan kam es zu starken Auseinandersetzungen über die Verteilung von Land und Vieh.

„Insgesamt konzentriert sich fast ein Viertel aller politischen Konflikte auf den afrikanischen Kontinent südlich der Sahara"[15]. Dies lässt sich vor allem mit dem erstarken der Terrorgruppen Boko Haram und Islamischer Staat begründen. Vor allem in dem Konflikt mit Boko Haram kam es zu vielen Todesopfern und Flüchtlingen, da sie vor allem Christen und Muslime töteten, wenn sie

---

13 Herrschaft eines Kalifen, also eines „Nachfolgers" oder Stellvertreters eines Gesandten Gottes"
14 Der Tagesspiegel „Zahl weltweiter Konflikte steigt auf Rekordhoch" ; Nik Afanasjew ;19.03.2015
15 ntv.de , chr/dpa vom 26.02.2016 Zugriff: 16.02.17

sich nicht der Gruppe anschließen wollten und zum Islam konvertierten. Im Jahr 2015 wurden allein in diesem Konflikt mindestens 12.000 Menschen getötet und 2,4 Millionen vertrieben.

Gegen die Terrorgruppe Islamischer Staat (IS) organisierte sich eine internationale Koalition, welche vor allem die Staaten Syrien und Irak unterstützte. Die Gründungsmitglieder dieser sogenannten „Internationalen Allianz gegen den Islamischen Staat" sind die USA, Deutschland, das Vereinigte Königreich, Frankreich, Italien, Polen, Dänemark, Australien, Kanada und die Türkei, welche hauptsächlich durch Luftangriffe gegen den IS vorgeht. Durch Terroranschläge in Frankreich (Charlie Hebdo), Afghanistan und Bangladesch und die Kontrolle über Gebiete in den Maghreb Staaten, konnte der IS jedoch seinen Einflussbereich erweitern.

In Asien und Ozeanien fanden mehr als 90% aller Konflikte auf einem gering-gewaltsamen oder nicht-gewaltsamen Level statt. Die Sicherheitslage auf der koreanischen Halbinsel verschärfte sich jedoch, nachdem zwei Soldaten durch Landminen südlich der „Demilitarisierten Zone" schwer verletzt worden waren. Kriege auf dem amerikanischen Kontinent waren vor allem dadurch geprägt, dass die Regierung gewaltsam gegen Oppositionsgruppen, wie zum Beispiel Indianer, vorging. In Europa hat sich zwar die Anzahl an Konflikten erhöht, doch die meisten wurden ohne Gewalt ausgetragen. In der Ukraine fand jedoch weiterhin der einzige gewaltsame Konflikt in Europa statt, bei dem Separatisten gegen die Regierung um die Kontrolle der Donbass-Region kämpften. Hierbei starben mehr als 4.000 Menschen.

Neue Konflikte wurden im Jahr 2015 sieben Stück gezählt, von denen zwei gewaltsame Oppositionskonflikte waren und ein Konflikt zwischen der Regierung Nicaraguas und indigenen Teilen der Bevölkerung.

Das Fazit des Heidelberger Instituts für das Jahr 2015 sind 75 zwischenstaatliche, 280 innerstaatliche und 55 halbstaatliche Konflikte. Die meisten von diesen wurden nicht gewaltsam ausgetragen.

Alles in allem kann man also sagen, dass sich die internationale Situation weder verbessert noch verschlechtert hat, da insgesamt die Zahl an Konflikten anstieg, sich die Zahl der Kriege jedoch verringerte.

2.4 Konfliktbarometer 2016

Auch für das Jahr 2016 wurde wieder das Konfliktbarometer vom Heidelberger Instituts für Internationale Konfliktforschung veröffentlicht, um die aktuelle Konfliktsituation in der Welt darzustellen. Nach seiner Methodik zählte das Institut 2016 insgesamt 402 Konflikte, von denen 226 unter Gewalteinwirkung ausgetragen wurden .

„Die Zahl der Kriege ist 2016 nach einer Untersuchung des Heidelberger Instituts für Internationale

Konfliktforschung (HIIK) leicht gesunken"[16], da sie im Jahr 2016 nur 18 Konflikte als Kriege einstuften. Einen weniger, als im Vorjahr. Es wurden jedoch zwei neue Kriege aufgeführt, die in der Region des Orients und Maghreb ausgetragen wurden. Auch in Syrien kam es wieder „zu gewaltsamen Auseinandersetzungen zwischen oppositionellen Gruppen und islamistischen Gruppen[...]"[17]. 16 Kriege wurden weiterhin wie im Vorjahr ausgetragen, wohingegen die Intensitätsstufe des Krieges auf den Philippinen abnahm. Im Jemen kämpften die islamistische Organisation al-Qaida und Militäreinheiten der Regierung aufgrund von Gebietseroberungen und gegenseitigen Angriffen gegeneinander; dieser Konflikt besteht seit 1992 und eskalierte 2016. Der Kriegszustand um die Terrorgruppe Boko Haram hielt an , doch auch die Taten des islamistischen Terrornetzwerkes al-Qaida in Mali, Niger, Burkina Faso und Ländern des Maghreb führten dazu, dass das Institut diesen Konflikt als transstaatlichen Konflikt zusammenfasste. Ungewöhnlich ist, dass die islamistische Gruppierung al-Shabaab die Kontrolle über Teile Somalias erlangte, obwohl Somalia von der USA, der EU und der AU (Afrikanische Union) im Kampf gegen die Gruppe unterstützt wurde. Im Vorderen und Mittleren Orient sowie in den Maghreb Staaten lagen im Jahr 2016 die meisten Kriege vor, wobei Syrien mit drei Kriegen am stärksten betroffen war. Ein weiterer brutaler Konflikt war der Kampf gegen die Taliban in Afghanistan, bei dem 2016 mindestens 11.400 Zivilisten das Leben verloren haben. Diese Todesfälle kamen häufig „[...] durch militärische Angriffe, Selbstmordanschläge und Sprengfallen[...]"[18] zustande. Weitere sehr hohe Todeszahlen sind im Jemen zu finden, da die Saudi-arabische Militärkoalition Luftangriffe aufgrund des Bürgerkrieges durchführt. Dieser Bürgerkrieg forderte mindesten 10.000 Tote und 19 Millionen Menschen sind auf humanitäre Hilfen angewiesen. Auch im Jahr 2016 fanden wieder viele Konflikte im Raum Asien und Ozeanien statt. Mit 123 beobachteten Konflikten, von denen viele gar nicht oder nur gering gewaltsam stattfanden, zählte diese Region die meisten Konflikte weltweit. Die Beziehungen zwischen Pakistan und Indien verschlechterten sich, wodurch es erneut zu gewaltsamen Auseinandersetzungen mit 83 Todesopfern kam. Weitere diplomatische Spannungen entstanden zwischen Nordkorea, Südkorea und den USA aufgrund von weiteren Raketentests von Nordkorea. Die Reaktion der beiden anderen Staaten war die Platzierung von Raketenabwehrsystemen in Südkorea. In Amerika gilt weiterhin nur der Konflikt zwischen der Regierung Mexikos und den mexikanischen Drogenkartellen als Krieg. Drogenkriege waren außerdem in Brasilien zu finden, wobei der Kampf zwischen Sicherheitskräften und Organisationen des illegalen Drogenhandels über 400 Opfer forderte. Auch in Europa wurde im Jahr 2016 wieder nur ein Kriegszustand festgestellt, und zwar der in der Donbass-Region in der Ukraine, bei dem sich

---

16 Stimme „Zahl der Kriege leicht gesunken" Autor unbekannt, vom 24.02.17 URL: www.stimme.de
17 Pressemitteilung des Heidelberger Instituts für Internationale Konfliktforschung von Sara Engelberg vom 21.02.2017
18 Ebd.

die beiden Konfliktparteien, die Regierung und Separatisten, des Begehens von Kriegsverbrechen beschuldigten. Außerdem kam es in Europa vermehrt zu Konflikten mit fremdenfeindlichen und links- oder rechtsextremistischen Hintergründen. Dieses Phänomen konnte man vor allem in Deutschland und in Schweden betrachten.

Zu dem Jahr 2016 kann man sagen, dass die Terrorgruppen weiterhin stark am internationalen Konfliktgeschehen teilnehmen und auch extremistische Gruppen hinzukommen. Die Anzahl an Kriegen sinkt ein weiteres Mal und im Vergleich zum Jahr 2015 gab es insgesamt auch weniger Konflikte.

2.5 Entwicklung 2014-2016

Eine sehr nützliche Funktion des Konfliktbarometers ist, dass dadurch eine Entwicklung in einer bestimmten Zeit klar beschrieben und gedeutet werden kann. Eine sehr ausführliche Beschreibung ist aufgrund der verschiedenen Indikatoren und Abgrenzungen gut möglich, da verschiedenste Dinge miteinander verglichen werden können.

Insgesamt lässt sich erkennen, dass in den Jahren 2014 bis 2016 die Zahl an Kriegen abnahm. Wo es doch im Jahr 2014 noch 21 Kriege waren, so waren es im Jahr 2016 „nur'' noch 18 Konflikte mit der Intensitätsstufe eines Krieges. Diese haben sich jedoch auf mehrere Länder verteilt, das heißt, dass von den 21 Kriegen im Jahr 2014 weniger Länder betroffen waren, als von den 18 Kriegen im Jahr 2016. Dies hängt offensichtlich damit zusammen, dass als Krieg eingestufte Konflikte schon lange vorhanden waren und nach vielen Jahren eine Lösung gefunden wurde und sich somit die Zahl an Kriegen verringerte. Man kann also hoffen, dass auch die jetzigen Kriege abebben und in einigen Jahren die Gesamtzahl an Kriegen und gewaltsamen Konflikten stark abnehmen wird.

Außerdem ist zu erkennen, dass der Einfluss und die Teilnahme von Terrorgruppen, wie dem Islamischen Staat und Boko Haram stark zugenommen hat. Diesen Einfluss konnte man auch in Europa spüren, beispielsweise durch den Anschlag auf die französische Satirezeitschrift „Charlie Hebdo''. Vor allem diese islamistischen Terrorgruppen fordern sehr viele unschuldige Opfer und sorgen für starke Zerstörung in den Ländern. Es geht bereits soweit, dass es eine Internationale Allianz gegen den Islamischen Staat gibt und auch andere Länder durch europäische Staaten oder die UN im Kampf gegen den Terror unterstützt werden. Um weitere Menschen vor dem Tod zu schützen, muss man also weiter mit vereinten Kräften gegen diese Terrornetzwerke vorgehen, damit mindestens einige Kriege mit sinnlosen Todesfällen zu Ende gehen.

Des weiteren lässt sich erkennen, dass auch die Anzahl an Konflikten allgemein abnahm. Während es im Jahr 2014, dem sogenannten „blutigen Jahr'' noch 424 Konflikte gab, sank die Zahl auf 409 in 2015 und auf 402 in 2016. Dieses Absinken kann auch wieder dadurch zu Stande gekommen sein, dass bestehende Konflikte schon lange andauerten und in den Jahren 2015 oder 2016 ihr Ende gefunden haben.

Alles in allem lässt sich bezogen auf die Zahlen erstmal eine positive Entwicklung erkennen, jedoch ist anzumerken, dass das Maß an Brutalität durch islamistische Terrorgruppen und rechts- und linksextremen Massen zunahm und somit eine Konstanz zu erkennen ist, bei der die Anzahl an Konflikten durch das Maß an Brutalität sozusagen ergänzt wird.

2.6 Konfliktbarometer als Frühwarnsystem

Durch die große Fülle an Informationen, die durch die Methodik des Heidelberger Instituts für Internationale Konfliktforschung erfasst werden kann, lassen sich diese für ein bestimmtes Frühwarnsystem verwenden.

Dieses Frühwarnsystem nennt sich CONIAS (Conflict Information and Analysis System) zu Deutsch Konfliktinformations- und Analysesystem und ist ein Teil der Heidelberger Konfliktforschung. In die Datenbank CONIAS werden jegliche Informationen bezüglich gewaltsamer und gewaltfreier Konflikte eingespeist und verwertet. Durch diese Vielzahl an Informationen lässt sich ein detailliertes Konfliktbild schaffen, welches außerdem die Entwicklung der Konflikte sichtbar macht. Die Methodik des Instituts wird also genutzt, um „vorherzusehen", ob ein Konflikt eskaliert oder droht zu eskalieren. Außerdem wird die CONIAS Datenbank genutzt, um Theorien der Kriegsursachenforschung darauf zu überprüfen, ob sie Sinn ergeben, oder ob sie weiterentwickelt werden können.

Wie man sieht, ist das Konfliktbarometer des Heidelberger Instituts für Internationale Konfliktforschung sehr wichtig, um Konflikte zu beurteilen und eine Entwicklung zu verdeutlichen. Außerdem können dadurch die Theorien der Kriegsursachenforschung weiter verbessert werden und eine Konflikteskalation schon vorher erkannt werden.

2.7 Quellen des Heidelberger Instituts

Das Institut hat zum einen mehrere Kooperationspartner und zum anderen arbeitet es mit vielen anderen Instituten der Friedens- und Konfliktforschung zusammen. Einige dieser Quellen möchte ich in diesem Teil der Facharbeit prüfen und näher beschreiben.

Zuerst werden auf der Internetseite des Instituts die Kooperationspartner aufgeführt. Zu denen zählen das Forum für Internationale Sicherheit, die Latinnews, Stratfor und das Korea Institute for Defense Analyses.

Das in der gleichen Stadt, wie das Institut ansässige Forum für Internationale Sicherheit ist ein Verein von Studierenden des Instituts für Politische Wissenschaft mit dem Ziel, unterschiedliche Institutionen, die sich mit der Außen- und Sicherheitspolitik, der Konfliktforschung und dem Völkerrecht beschäftigen, zu verknüpfen. Somit ist dieser Kooperationspartner aufgrund seiner engen Zusammenarbeit mit anderen Institutionen eine sichere und wichtige Quelle, um nötige Informationen aus der ganzen Welt zu bekommen.

Die Latinnews hingegen ist eine renommierte Nachrichtenagentur, mit dem Spezialgebiet der politischen und wirtschaftlichen Entwicklungen. Es sammelt vor allem Nachrichten aus dem Südamerikanischen Raum und der Karibik. Die Wichtigkeit dieser Quelle ist also damit zu begründen, dass sie eine gute Informationslage in den genannten Regionen rund um Wirtschaft und Politik bietet und somit auch hintergründige Informationen zu bestehenden Konflikten bereitstellt.

Das US-amerikanische Unternehmen Strafor (Strategic Forecasting) ist ein Informationsdienst, der sich darauf spezialisiert hat, Analysen, Berichte und Prognosen zur Geopolitik, zu Sicherheitsfragen und zu Konflikten zu verfassen. Außerdem veröffentlicht das Unternehmen täglich einen Bericht zu aktuellen Entwicklungen weltweit. Das Unternehmen geriet am 27. Februar 2012 jedoch in den Verdacht fragwürdige oder sogar illegale Methoden der Informationsbeschaffung zu verwenden, was erst durch einen Hacker-Angriff und dann durch die Enthüllungsplattform WikiLeaks Aufsehen erregte. Das Unternehmen wurde von WikiLeaks beschuldigt ein Geheimdienst zu sein, weshalb die Enthüllungsplattform eine E-Mail des Chefs George Friedman an eine Mitarbeiterin anführt, in der gesagt wird, dass man Quellen mit allen erdenklichen Mitteln kontrollieren und unterdrücken müsse. An diesem Fall kann man also sehen, dass das Institut nicht nur verlässliche Quellen, sondern auch fragwürdige Quellen nutzt, die schon in den Internationalen Medien in Verruf geraten sind.

Der letzte Kooperationspartner, das Korea Institute for Defense Analyses (KIDA) ist ein umfangreiches Forschungsinstitut, welches sich mit einer breiten Palette von Verteidigungsfragen befasst. Es hat sich selbst als Ziel gesetzt, durch intensive und systematische Forschung und der Analyse von Verteidigungsfragen, eine rationelle Verteidigungspolitik zu schaffen. Diese Zielsetzung macht das KIDA zu einer wichtigen und verlässlichen Quelle des Heidelberger Instituts für Internationale Konfliktforschung, da es viele nützliche Antworten auf Verteidigungsfragen bietet.

Neben diese Kooperationspartnern, mit welchen ein großer Austausch von Informationen stattfindet, bezieht das Institut noch Informationen aus anderen deutschen sowie internationalen Instituten. Es werden zehn deutsche Institute als Quellen angegeben. Hierzu zählen verschiedene Stiftungen, wie zum Beispiel die Stiftung Wissenschaft und Politik (SWP), Arbeitsgemeinschaften, wie zum Beispiel die Arbeitsgemeinschaft Kriegsursachenforschung (AKUF) und verschiedene andere Forschungsstätten und Institute, mit dem Spezialgebiet der Konflikt- und Friedensforschung. Zu den internationalen Quellen zählen 35 der insgesamt 44 Quellen. Auch hierzu zählen vor allem Forschungseinrichtungen aus verschiedenen Ländern und Studien bezüglich der Internationalen Konflikt- und Friedensforschung.

Alles in allem lässt sich zu der Quellenlage sagen, dass ein breites Spektrum an internationalen,

nationalen und vertrauenswürdigen Quellen vorliegt. Teilweise liegen sogar enge Kooperationen mit renommierten Einrichtungen zur Konfliktforschung vor. Eine Ausnahme bildet das Unternehmen Strafor, welche stark in die Kritik der internationalen Medien geraten ist und beschuldigt wurde, illegale Methoden zur Informationsbeschaffung zu verwenden.

3. Schluss

Im Schluss dieser Facharbeit zum Thema „ Internationale Konflikte quantitativ erfassen am Beispiel des „Konfliktbarometers" " möchte ich diese Thematik zusammenfassen und ein Fazit aus meiner Recherche und Forschung ziehen. Im Fazit möchte ich außerdem auf die Frage eingehen, ob es neben der Methodik des Heidelberger Instituts noch andere Methoden zur Konflikterfassung gibt.

3.1 Zusammenfassung

Das Heidelberger Institut für Internationale Konfliktforschung nutzt für die jährlich erscheinenden Konfliktbarometer eine Mischung aus qualitativen und quantitativen Indikatoren, um einen Konflikt so angemessen wie möglich zu beschreiben. Sie werden zum einen in ihrem Typ und zum anderen in ihrer Intensität unterschieden. Die Indikatoren für die fünfstufige Intensität werden unterschieden in eingesetzte Mittel und die Folgen des Gewalteinsatzes. Es wird also versucht, so viele Merkmale eines Konfliktes wie möglich in die Beurteilung von diesem einzubringen. Dies ermöglicht eine gute Beschreibung und bietet viele vergleichbare Aspekte, sodass auch Vergleiche zwischen Konflikten getätigt werden können und Entwicklungen dargestellt werden können. Außerdem können diese Daten zur frühen Warnung genutzt werden, wenn diese entsprechend mit anderen Informationen verknüpft und erforscht werden.

Anhand der Forschungsergebnisse des Instituts konnte deutlich gemacht werden, dass zwar die Konflikte und Kriege in den letzten drei Jahren zurückgingen, jedoch nahmen viele Konflikte an Brutalität zunahmen, weshalb es zu einer steigenden Opferzahl kam. Außerdem ist zu erwähnen, dass das Heidelberger Institut für Internationale Konfliktforschung viele verschiedene, verlässliche Quellen nutzt, um regionsspezifische Informationen zu bekommen. Kurz gesagt ist das Konfliktbarometer ein gutes, ausdifferenziertes Modell zur Konfliktbeschreibung.

3.2 Fazit

Zum Abschluss dieser Arbeit kann ich sagen, dass es kein vergleichbares Modell, wie das des Heidelberger Instituts gibt. Die meisten Konfliktbarometer betrachten nur die Opferzahlen, um einen Konflikt einzustufen, jedoch bezieht das Institut auch andere wichtige Indikatoren mit ein, weshalb vor allem diese Informationen als Frühwarnsystem verwendet werden. Meiner Meinung nach muss man jegliche Auswirkungen eines Konfliktes betrachten, damit man ihn genau beschreiben kann. Dies ist mit der Methodik gut möglich, da zum einen die eingesetzten Mittel und zum anderen auch die Folgen betrachtet werden. Betrachtet man also nur die Opfer- und Flüchtlingszahlen, hat man zwar einen wichtigen Indikator analysiert, aber man betrachtet nur die Hälfte des gesamten Konflikts. Ich denke, dass wir vor allem in unserer heutigen Gesellschaft ein solches Konfliktbarometer brauchen, um Konflikte besser beschreiben und deuten zu können. Außerdem können wir dadurch einige Eskalationen vermeiden, damit es in unserer Welt nicht noch schlimmer wird, als es überhaupt schon ist. Wie es im Moment in unserer Welt zugeht bringt meiner Meinung nach der deutsche Rapper KC Rebell (bürgerlich Hüseyin Kökseçen) in seinem Lied „TelVision" sehr gut und deutlich zum Ausdruck. Mit Strophen, wie: „In Afrika spürst du den Ballast der Gewalt - Statt 'ner Silberkette tragen sie die Kalash [19] um den Hals - Mexiko, Guerillawelt, Drogenkrieg - Gangs schlachten sich, bis es auf beiden Seiten Tote gibt"[20] oder „[...] Israel, Mossad – Atommacht - Sie schlachten Palästinenser mit ihren Drohn' ab - TelVision, willkommen im Libanon - Zwischen Sunniten und Schiiten hat der Krieg begonn' - Nordkorea wird beobachtet per Satellit - Beim G8-Gipfel wurde Kim Jong aggressiv[...]" [21] macht er die kriegerischen Konflikte in dieser Welt auf eine harte Art und Weise deutlich, jedoch bin ich der Ansicht, dass diese Probleme öffentlich angesprochen und besprochen werden müssen. Das Konfliktbarometer macht es möglich, dass jeder Internationale Konflikt die nötige Aufmerksamkeit bekommt uns somit zum Gesprächsthema wird.

---

19 Abkürzung für die russische Waffe „Kalaschnikow"
20 KC Rebell „TelVision" aus dem Album „Abstand" URL: www.genius.com
21 KC Rebell „TelVision" aus dem Album „Abstand" URL: www.genius.com

4. Literatur- und Quellenverzeichnis

[1]   „Kein Frieden in Sicht – Heidelberger Konfliktbarometer"; Simon Ellerbrock / Peter Hackmerer; Forschungsmagazin Ruperto Carola Nr. 4;   2014

[2]   Imbusch, Peter /Zoll, Ralf (Hrsg.) (2005): Friedens- und Konfliktforschung. Eine Einführung. Lehrbuch, Wiesbaden: VS Verlag für Sozialwissenschaften

[3]   Sommer, Gert /Fuchs, Albert (Hrsg.) (2004): Krieg und Frieden. Handbuch der Konflikt- und Friedenspsychologie, Weinheim, Basel, Berlin: Beltz Verlag

[4]   Galtung, Johan (2007): Frieden mit friedlichen Mitteln. Friede und Konflikt, Entwicklung und Kultur, Münster: Agenda Verlag

[5]   Pressemitteilung des Heidelberger Instituts für Internationale Konfliktforschung zum Jahr 2013; Elza Martinez; 25.02.14

[6]   Pressemitteilung des Heidelberger Instituts für Internationale Konfliktforschung zum Jahr 2014; Johannes Nickl; 05.03.2015

[7]   Pressemitteilung des Heidelberger Instituts für Internationale Konfliktforschung zum Jahr 2015; Sara Engelberg; 23.02.2016

[8]   Pressemitteilung des Heidelberger Instituts für Internationale Konfliktforschung zum Jahr 2016; Sara Engelberg; 21.02.2017

[9]   Der Tagesspiegel „Zahl weltweiter Konflikte steigt auf Rekordhoch"; Nik Afanasjew; 19.03.2015

[10]   Deutsch Türkische Nachrichten, Unabhängige Zeitung für Politik, Wirtschaft und Kultur „Konfliktbarometer 2015: Die Türkei ist jetzt Kriegsland"; unbekannter Autor; 26.02.2016

[11]   Heidelberger Institut für Internationale Konfliktforschung „Konfliktbarometer 2013"; 2014

[12]   Heidelberger Institut für Internationale Konfliktforschung „Konfliktbarometer 2014"; 2015

[13]   Heidelberger Institut für Internationale Konfliktforschung „Konfliktbarometer 2015"; 2016

[14]   Heidelberger Institut für Internationale Konfliktforschung „Konfliktbarometer 2016"; 2017

[15]   Heidelberger Institut für Internationale Konfliktforschung; www.hiik.de/de/; unbekannter Autor

[16]   Heidelberger Institut für Internationale Konfliktforschung; www.hiik.de/de/karten/; unnbekannter Autor

[17]   Heidelberger Institut für Internationale Konfliktforschung; www.hiik.de/de/daten/;

unnbekannter Autor

[18] Heidelberger Institut für Internationale Konfliktforschung; www.hiik.de/de/methodik/;
unnbekannter Autor

[19] Heidelberger Institut für Internationale Konfliktforschung; www.hiik.de/de/links/;
unnbekannter Autor

[20] Heidelberger Institut für Internationale Konfliktforschung; www.hiik.de/de/presse/;
unnbekannter Autor

[21] www.n-tv.de „Konfliktforscher zählen 19 Kriege"; unbekannter Autor; 26.02.2016

[22] www.bpb.de „Was ist ein Konflikt?"; Dr. Lutz Schrader"; 17.01.2012

[23] www.blog.setzwein.com „Das Konflikt-Dreieck"; Dr. Monika Setzwein; 07.09.2009

[24] www.stimme.de „Zahl der Kriege leicht gesunken"; unbekannter Autor; 24.02.2017

[25] www.genius.com/Kc-rebell-telvision-lyrics; KC Rebell featuring PA Sports, Kianush und
Kollegah; 2016

[26] Musikvideo; KC Rebell feat. PA Sports; Kianush & Kollegah TELVISION [official Video]
prod. By Juh-Dee; https://www.youtube.com;
https://www.youtube.com/watch?v=OROd42ry9VU; 10.11.2016

[Abb.1] Bundeszentrale für politische Bildung;http://www.bpb.de/cache/images/5/55535-3x2-
original.gif?BB365